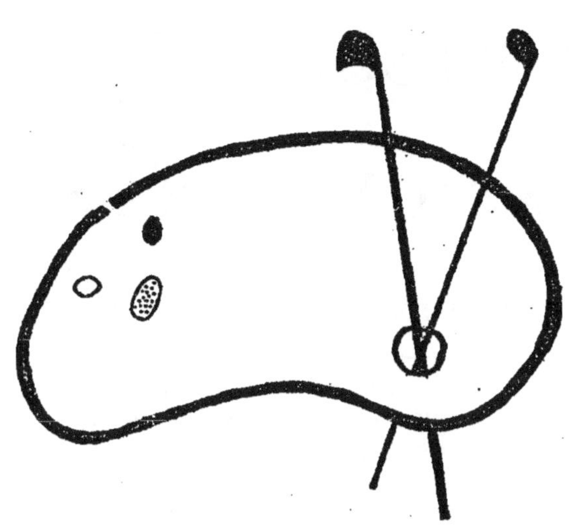

DEBUT D'UNE SERIE DE DOCUMENTS
EN COULEUR

SCIENCE ET RELIGION
Études pour le temps présent

NOS MISSIONS
ET
NOS MISSIONNAIRES

PAR

J.-B. PIOLET

NOS MISSIONNAIRES : LEUR NOMBRE — LEUR RECRU-
TEMENT — LEUR BUDGET — NOS MISSIONS ET
LEURS RÉSULTATS — NOS MISSIONS ET LA FRANCE
— CONCLUSION.

PARIS
LIBRAIRIE BLOUD & Cie
4 RUE MADAME ET RUE DE RENNES, 50

1904

SCIENCE ET RELIGION

Études pour le temps présent. — Prix 0 fr. 60 le vol.

1 **Certitudes scientifiques et Certitudes philosophiques,** par A. DE LA BARRE, prof. à l'Institut catholique de Paris... 1 vol.

2 **L'Ame de l'homme,** par J. GUIBERT, supérieur du Séminaire de l'Institut catholique de Paris.................. 1 vol.

3 **Faut-il une religion ?** par M. l'abbé GUYOT, ancien professeur de Théologie....................... 1 vol.

4 *Du même auteur :* **Pourquoi y a-t-il des hommes qui ne professent aucune religion ?**............... 1 vol.

5 **Nécessité scientifique de l'existence de Dieu,** par Pierre COURBET....................... 1 vol.

6 *Du même auteur :* **Jésus-Christ est Dieu**............ 1 vol.

7 8 9 **Etudes sur la Pluralité des mondes habités et le dogme de l'Incarnation,** par le R. P. ORTOLAN, membre de l'Académie de Saint-Raymond de Pennafort et de la Société astronomique de France....................... 3 vol.

I. — *L'Epanouissement de la vie organique à travers les Plaines de l'infini*....................... 1 vol.

II. — *Soleils et Terres celestes*............... 1 vol.

III. — *Les Humanités astrales et l'Incarnation*.......... 1 vol.

Chaque volume se vend séparément.

10 **L'Au-delà ou la Vie future d'après la Foi et la Science,** par M. l'abbé J. LAXENAIRE, de l'Académie de Saint-Thomas d'Aquin, professeur de Théologie.................. 1 vol.

11 **Le Mystère de l'Eucharistie. — Aperçu scientifique,** par M. l'abbé CONSTANT, docteur en Théologie............ 1 vol.

12 **L'Eglise catholique et les Protestants,** par G. ROMAIN. 1 vol.

13 **Mahomet et son œuvre,** par I.-L. GONDAL, supérieur du grand séminaire de Toulouse.................. 1 vol.

14 15 **Christianisme et Bouddhisme,** par M. l'abbé THOMAS, vicaire général de Verdun............ 2 vol. Prix : 1 fr. 20

16 **Où en est l'Hypnotisme,** son histoire, sa nature et ses dangers, par A. JEANNIARD DU DOR....................... 1 vol.

17 *Du même auteur :* **Où en est le Spiritisme,** sa nature et ses dangers....................... 1 vol.

18 **L'Apologétique historique au XIXᵉ siècle. — La critique irréligieuse de Renan.** (*Les précurseurs. — La Vie de Jésus. — Les adversaires. — Les résultats*), par l'abbé Ch. DENIS. 1 vol.

19 **Nature et Histoire de la liberté de conscience,** par le chanoine CANET, docteur en philosophie et ès lettres de l'Université de Louvain....................... 1 vol.

20 **L'Animal raisonnable et l'Animal tout court,** *Etude de Psychologie comparée,* par C. DE KIRWAN............ 1 vol.

21 **La Conception catholique de l'Enfer,** par L. BRÉMOND, docteur en Théologie....................... 1 vol.

22 **L'Eglise russe,** par I.-L. GONDAL....................... 1 vol.

23 **La Fausse Science contemporaine et les Mystères d'Outre-tombe,** par le R. P. ORTOLAN............ 1 vol.

24 *Du même auteur :* **Vie et Matière ou Matérialisme et Spiritualisme en présence de la Cristallogénie**.......... 1 vol.

25 *Du même auteur :* **Matérialistes et Musiciens**....... 1 vol.

26 **Le Mal,** sa nature, son origine, sa réparation. *Aperçu philosophique et religieux,* par M. l'abbé CONSTANT............ 1 vol.

27 **Dieu auteur de la vie,** par M. l'abbé THOMAS, vicaire général de Verdun....................... 1 vol.

28 *Du même auteur :* **La Fin du monde d'après la Foi.** 1 vol.

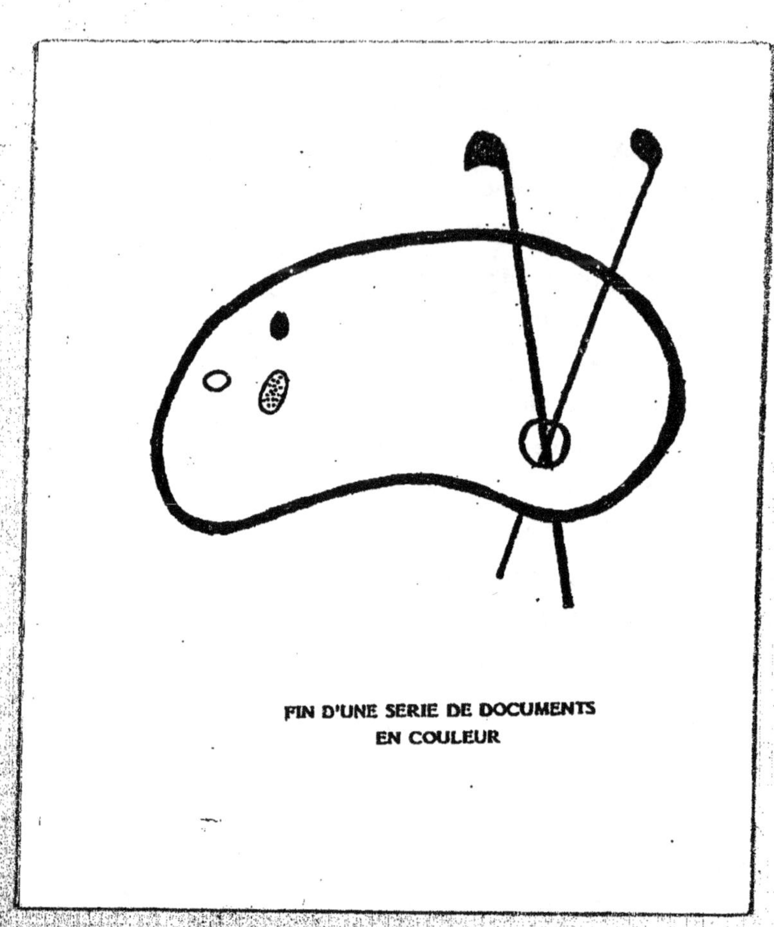

FIN D'UNE SERIE DE DOCUMENTS
EN COULEUR

SCIENCE ET RELIGION
Études pour le temps présent

NOS MISSIONS

ET

NOS MISSIONNAIRES

PAR

J.-B. PIOLET

NOS MISSIONNAIRES : LEUR NOMBRE — LEUR RECRU-
TEMENT — LEUR BUDGET — NOS MISSIONS ET
LEURS RÉSULTATS — NOS MISSIONS ET LA FRANCE
— CONCLUSION.

PARIS

LIBRAIRIE BLOUD & Cie

4, RUE MADAME ET RUE DE RENNES, 59

1904

Tous droits réservés.

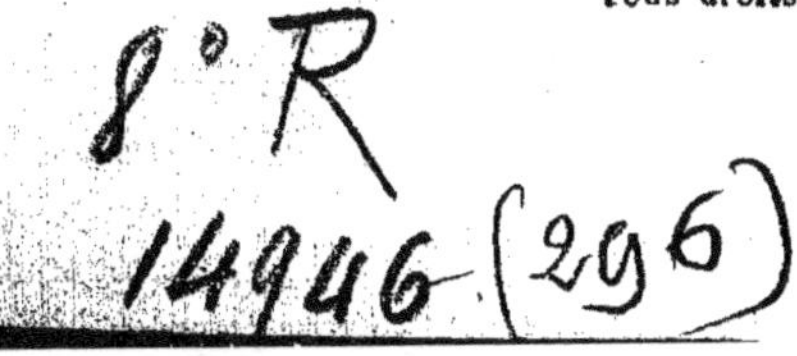

AVANT-PROPOS

Les pages qu'on va lire sont une simple étude de
statistique, un rapide coup d'œil sur les résultats et
l'utilité de nos Missions. Il ne s'agit ni de les défendre, ni de les louer, ni même de les faire connaître. Je
voudrais seulement donner au lecteur le désir de les
étudier, intimement convaincu que, les connaissant,
il les aimera, les défendra, les aidera.

CHAPITRE PREMIER

Nos missionnaires.

I

DU NOMBRE DE NOS MISSIONNAIRES

Nous étudierons rapidement, dans ce premier chatre :

1° Le nombre de nos missionnaires ;
2° Leur recrutement ;
3° Leur budget ;
4° Leur vie.

Nos missionnaires français à l'étranger sont très nombreux, bien plus nombreux que ceux de toutes les autres nations réunies. En effet, sur un total de 6,106 missionnaires, nous comptons à peu près 4,500 Français, 75 pour 100.

Ceux-là sont prêtres.

Ils sont aidés dans leurs œuvres diverses par d'autres religieux, qui, sans être prêtres, n'en sont pas moins de vrais missionnaires, appartenant à la même Société que les prêtres, chargés du temporel, de la classe, des ateliers, des champs de culture, du soin des bâtiments, des imprimeries, etc., en tout 1,700. Ils sont aidés aussi, pour l'éducation des garçons, par d'autres frères, appartenant à nos congrégations enseignantes et qui sont au nombre de 2,600 ; et, pour l'éducation des filles et les œuvres d'assistance, hôpitaux, léproseries, dispensaires, orphelinats, visites aux malades, etc., par environ 10.500 religieuses.

Cela ferait : 4,500 prêtres, 3,300 frères, 10,500 religieuses ; en tout 18,500 missionnaires.

Mais ce n'est pas tout.

A ces ouvriers, venus de France et de nationalité française, il faut ajouter un certain nombre de prêtres, de frères, de sœurs indigènes, formés par eux, vivant avec eux, dirigés par eux, encadrés dans leurs rangs, et prenant tout naturellement, de leurs idées, de leurs goûts, de leurs attachements, tout ce qui est compatible avec leur race et leurs devoirs, à peu près comme ces engagés indigènes, encadrés au milieu de nos soldats et qui ne leur cèdent ni en bravoure et en dévouement, ni parfois en invincible fidélité. Le nombre s'en élèverait environ à 1,500 prêtres, 500 frères et 2.000 ou 2,500 sœurs indigènes, 4,000 en tout.

Ce qui donnerait approximativement : 6,000 prêtres, 3,800 frères, 12,500 sœurs ; soit au total 22,300 missionnaires.

Ce n'est pas tout encore. Car, outre ces auxiliaires, qui ont en somme le même travail et la même occupation que nos missionnaires français, il y en a une foule d'autres, catéchistes, maîtres ou maîtresses d'écoles, chefs de postes ou de chrétientés, qui tous gravitent dans la sphère du missionnaire, la plupart du temps payés par lui, partageant ses travaux et ses idées, aidant à son action et à son influence.

De ceux-là, à plus forte raison, nous n'avons pas la liste complète ; nous ne nous éloignerons cependant pas beaucoup de la vérité en en fixant le nombre aux environs de 15,000 à 20,000. Ce qui porterait à un peu plus de 40,000 le nombre total de notre armée de missionnaires.

II

LE RECRUTEMENT DE NOS MISSIONNAIRES

Comment se recrutent ces missionnaires ?

Nous ne parlons pas, bien entendu, des auxiliaires indigènes. Ceux-là sont choisis sur place par le « Père », parmi les meilleures familles de chrétiens. Ils sont formés avec soin dans des écoles normales, dans des séminaires, dans l'intimité du missionnaire avec lequel ils auront à travailler. Parfois même, s'il s'agit des futurs prêtres ou des religieux, ils sont envoyés en France, où ils recevront une formation plus complète et plus relevée, et où ils prendront de nos goûts, de notre civilisation, de notre culture, de notre formation morale et intellectuelle, tout ce qu'ils sont capables d'en recevoir.

Il faut beaucoup de tact, de réserve, beaucoup de discrétion et de circonspection, beaucoup de sage lenteur dans ces choix et dans cette formation d'un personnel auxiliaire indigène, surtout lorsqu'il s'agit du sacerdoce. Il ne faudrait pas cependant

exagérer outre mesure la défiance et les précautions.
Il y a en effet, particulièrement en Extrême-Orient,
en Chine et en Indo-Chine, de ces familles, chrétiennes depuis déjà deux ou trois générations, dont
les enfants sont parfaitement aptes à devenir d'ex-
cellents prêtres, très sûrs, très fidèles, sinon très
zélés. La persécution ne les a pas épargnés, à
maintes reprises, et ils ont montré, d'ordinaire, un
grand courage et une héroïque fidélité.

Mais il s'agit surtout ici du personnel européen.
Celui-là d'où vient-il ?

A une seule exception près, celle de la Société
des Missions Etrangères de Paris, tous nos missionnaires français appartiennent à des associations
religieuses, c'est-à-dire que, sur un total de 4,500,
3,369 sont religieux.

En voici, du reste, la nomenclature à peu près
complète :

34 évêques et 1,131 missionnaires des *Missions
Etrangères de Paris*, avec 598 prêtres indigènes,
répartis surtout dans le sud et dans l'est de
l'Asie.

Environ 800 *Jésuites* français dans le Levant, aux
Indes, en Chine et à Madagascar.

10 évêques et 261 prêtres *Lazaristes*, avec 132
prêtres indigènes, également dans le Levant, en
Perse, en Abyssinie et dans les deux Amériques,
Centrale et du Sud.

10 évêques et environ 400 prêtres *Oblats de
Marie Immaculée*, avec 55 prêtres indigènes, à
Ceylan, dans le *Dominion* du Canada et dans l'Afri-
que du Sud.

348 *Pères du Saint-Esprit* aux Antilles, en
Amazonie et surtout en Afrique.

187 *Pères Blancs* du cardinal Lavigerie et 105 Pères des *Missions africaines de Lyon*, dans le même continent africain.

254 prêtres *Maristes*, 49 *Pères de Picpus* et 35 *Missionnaires du Sacré-Cœur* d'Issoudun, en Océanie.

Nos anciens ordres religieux ne sont pas restés en retard.

Ainsi les *Dominicains* ont 116 missionnaires établis dans les deux Amériques et à Mossoul ; les *Capucins* français en ont 160 chez les Galla, à Aden, aux Seychelles, etc. et les *Franciscains* français, 95 en Orient.

Les *Sulpiciens*, qui ont tant fait autrefois pour le Canada et les Etats-Unis, ont encore dans ces deux pays, mêlés à leurs confrères Canadiens et Américains, 32 prêtres français au Canada et 35 aux Etats-Unis.

Les *Trappistes* ont 18 établissements hors des pays catholiques et 11 hors d'Europe. 13 de ces divers monastères ont été fondés par des religieux français.

Les *Augustins de l'Assomption* ont 82 prêtres dans la Turquie d'Europe, en Asie Mineure, et à Jérusalem, avec environ 40 auxiliaires indigènes.

Nommons encore les *Missionnaires de Saint-François de Sales* d'Annecy, aux Indes, avec 35 missionnaires ; les *Marianistes* qui, au nombre de 77 Pères ou Frères, dirigent des écoles et des collèges florissants au Japon, aux Sandwich, à Tripoli ; les *Oblats de Saint-François de Sales*, dans l'Orange (19 Pères et 5 Frères), en Grèce et en Amérique ; les *Rédemptoristes* de la province de France, qui ont 75 Pères et 40 Frères dans l'Amérique du Sud et aux Etats-Unis ; les *Pères de la*

Société de Marie de Saint-Laurent-sur-Sèvre (Luçon), au Canada (22 Pères, 7 Frères) et à Haïti (11) ; et 12 autres Sociétés moins importantes.

Les Frères enseignants appartiennent à 6 congrégations principales qui sont :

1° celle des *Frères des Ecoles chrétiennes*, au nombre de 1,285, dans le Levant et en Extrême-Orient, en Amérique, en Algérie, à la Réunion, à Maurice et à Madagascar ;

2° celle des *Petits Frères de Marie de Saint-Genis-Laval* au nombre de 576, avec 270 Frères indigènes, en Océanie, dans le Levant, en Extrême-Orient, dans l'une et l'autre Amérique, dans l'Afrique du Sud et le nord de l'Europe ;

3° celle des *Frères de l'Instruction chrétienne* ou de *Ploërmel*, au nombre de 268 ;

4° celle des *Frères de l'Instruction chrétienne du Sacré-Cœur* ou *de Paradis*, près Le Puy ;

5° celle de la *Sainte-Famille de Belley* dans l'Uruguay.

Et enfin les *Frères de Notre-Dame de l'Annonciation* de Misserghin, près Oran, en Algérie.

Nous ne pouvons pas énumérer les 67 congrégations de femmes parmi lesquelles se recrutent nos Sœurs missionnaires. Nommons seulement :

1° Les *Sœurs de Saint-Vincent de Paul*, au nombre de 2,658, en très grande partie françaises ;

2° Les *Sœurs de Saint-Joseph de Cluny*, 1,408 en tout ;

3° Les *Petites Sœurs des Pauvres*, exactement 657 hors de France ;

4° Les *Sœurs de Saint-Paul de Chartres*, dans l'Extrême-Asie, environ 350 ;

5° Les *Sœurs de Saint-Maur*, à peu près le même nombre dans le même Orient ;

6° Les *Sœurs de Saint-Joseph de l'Apparition* de Marseille, répandues surtout dans le Levant, au nombre de 487 ;

7° Les *Dames de Sion*, à peu près en nombre égal dans les mêmes pays ;

8° La Congrégation de la *Charité Dominicaine de la Présentation de la Sainte-Vierge* de Tours, dans le Levant et la Colombie ;

9° et 10° Les *Watelottes* de Nancy et les *Trinitaires* de Valence, en Algérie, environ 400 pour chacune de ces deux congrégations ;

11° Les *Sœurs Franciscaines Missionnaires de Marie*, qui ont fondé à Saint-Brieuc une sorte de séminaire des Missions étrangères pour les femmes et qui ont plus de 150 religieuses en Chine, aux Indes, au Canada, en Tunisie, etc.

12° Les *Sœurs Missionnaires de Notre-Dame d'Afrique* (141) ;

13° Les *Sœurs des Missions africaines de Lyon* (134) ;

14° Les *Sœurs Oblates de l'Assomption* (65) ;

15° Les *Sœurs de Notre-Dame du Sacré-Cœur d'Issoudun* (41) ; les *Sœurs des Sacrés-Cœurs de Picpus* (35), et les *Sœurs de l'Enfant-Jésus* (115), qui aident, dans leurs œuvres d'évangélisation et d'enseignement, les Pères Blancs, les Pères des Missions africaines de Lyon, les Pères de l'Assomption, ceux d'Issoudun et de Picpus, les Pères des Missions Étrangères, etc., etc.

Or, dans ces congrégations d'hommes et de

femmes, comment se fait le choix de ceux que l'on enverra dans les pays étrangers ?

Il y a des congrégations, comme celles des Pères Blancs, des Sœurs Missionnaires de Notre-Dame d'Afrique ou des Sœurs Franciscaines Missionnaires de Marie de Saint-Brieuc, comme les Pères des Missions Etrangères de Paris, qui n'ont d'autres œuvres que les Missions. Pour celles-là, la vocation apostolique du futur missionnaire se confond avec son entrée au séminaire ou dans la congrégation. Le candidat le sait par avance. Ce qu'il cherche en allant au séminaire ou au noviciat, c'est précisément d'être envoyé dans les Missions étrangères. Et c'est cette perspective d'une vie en pays étranger, souvent en pays barbare, avec beaucoup de travaux, de privations et de souffrances pour la remplir, et parfois une mort sanglante pour la terminer, qui a décidé son choix. Ce choix, dès lors, a toutes les chances de n'être pas égoïste. Une âme tentée par de telles perspectives pourra parfois s'illusionner sur sa force de résistance et son courage ; en tout cas, le mobile qui la fait agir est grand, noble et désintéressé.

Dans la plupart des congrégations, cependant, il n'y a qu'un certain nombre de religieux destinés aux Missions. Ce nombre est parfois très élevé, comme chez les Pères du Saint-Esprit ou chez les Sœurs de Saint-Joseph de Cluny, etc. Alors, par le fait même qu'on entre dans la congrégation, on a beaucoup de chances d'aller dans les pays étrangers. On le sait, on l'accepte et, d'ordinaire, on le désire.

D'autres congrégations ont plus d'œuvres en France que dans les Missions. Ainsi les Jésuites, les Oblats de Marie Immaculée, les Lazaristes, etc.

Chez eux, à plus forte raison, il n'y a pratiquement que des volontaires à partir.

Donc toutes nos Missions ne se recrutent que de volontaires, soit que ces volontaires aient fait leur choix avant d'entrer dans la congrégation ou par le fait même qu'ils y sont entrés, si cette congrégation ne s'occupe que de Missions ; soit qu'ils renouvellent leur demande plus tard, s'ils appartiennent à des congrégations n'ayant qu'une part de leur personnel dans les Missions étrangères.

Mais, dans l'un et l'autre cas, on a toutes chances d'avoir un personnel d'élite, au moins par le caractère, par le courage, par le dévouement et par le désintéressement.

III

DU BUDGET DES MISSIONS

Toutes les Missions catholiques dans les pays infidèles où la hiérarchie ecclésiastique n'est pas établie, sont placées sous la direction suprême d'une congrégation romaine spéciale, la *Propagande*, instituée par le pape Grégoire XV pour protéger et diriger les missionnaires. De son côté, la France possède et exerce le « protectorat » religieux, non seulement de ses Missions, mais encore de toutes les Missions du Levant et de l'Extrême-Orient. Et c'est là un de ses plus beaux privilèges séculaires.

Au point de vue pécuniaire, à part certaines autres

ressources que nous indiquerons et quelques offrandes envoyées directement à certaines Missions ou à certains missionnaires, les Missions catholiques sont soutenues surtout par l'Œuvre de la Propagation de la Foi et par celle de la Sainte-Enfance.

L'Œuvre de la *Propagation de la Foi* est née de l'inspiration chrétienne de deux femmes de Lyon : Mme Petit, qui, en 1816, eut la pensée de fonder une association destinée à aider les Missions d'Amérique, avec le produit de cotisations annuelles modiques ; et Mlle Jéricot, qui, en 1820, établit cette association au profit du séminaire des Missions Etrangères. Dans une réunion de douze personnes tenue à Lyon, le 3 mai 1822, l'œuvre fut définitivement fondée avec son caractère de société universelle, recevant des dons de tous les pays et secourant les Missions du monde entier. Elle gardait de l'idée de Mlle Jaricot ses traits principaux : le sou par semaine des associés (emprunté aux méthodistes anglais), le groupement des associés en dizaines et la publication périodique de lettres écrites par des missionnaires.

L'œuvre est dirigée par deux conseils centraux, dont l'un siège à Lyon et l'autre à Paris. Les deux conseils se sont partagé le travail de la correspondance, mais ils décident en commun la répartition des secours qui s'étendent à environ 300 diocèses, vicariats ou préfectures apostoliques.

Dès 1825, l'œuvre commença de recevoir des secours de la Belgique, puis, en 1828, des autres pays étrangers. En 1840, l'étranger fournissait plus de 1 million, et la France, 1,370,000 francs. Le maximum des recettes a été atteint, en 1890, avec 7,072,811 frs. L'année 1898 a donné 6,700,921 frs ; 1899, 6,820,273 ; 1900, 6,848,700 ; 1901, 6,728,666 ; et 1902, 6,598,044. L'écart des oscillations se tient dans des limites assez régulières qui prouvent que l'œuvre a désormais une situation bien assise.

La France a fourni, depuis la fondation, 217,691,947 de francs sur un total général de 341,776,796.

L'OEuvre de la *Sainte-Enfance* fut fondée, en 1843, par Mgr de Forbin-Janson, évêque de Nancy. Elle a pour but « le baptême, le rachat et l'éducation chrétienne des enfants nés de parents infidèles, en Chine ou dans les autres pays infidèles ».

Elle eut tout de suite la faveur de l'étranger, dont l'ensemble des dons, se rapprochant de plus en plus du total de ceux de la France, l'ont dépassé à partir de 1872, et sont deux fois plus élevés depuis dix ans. Le budget de l'œuvre était de 1 million dès 1857; il atteignait, en 1898, 3,711,102 francs ; 3,668,065 fr. 68 en 1899.

En 1900, en 1901 et en 1902, la progression est constante, régulière, et presque sans réaction.

La cotisation des associés est d'un sou par mois.

A ces deux grandes œuvres, on peut ajouter l'*OEuvre des Ecoles d'Orient*, l'*OEuvre des Partants* et les *OEuvres apostoliques* destinées à fournir aux Missions les objets du culte.

L'OEuvre des *Ecoles d'Orient* fut fondée en 1855-56 pour secourir les écoles, orphelinats, asiles des pays du Levant. Mais, dans ces dernières années, par suite des préoccupations spéciales du Pape Léon XIII, son but s'est précisé. Elle travaille à maintenir et à propager l'union des Eglises par l'éducation des générations nouvelles, et surtout par la formation d'un bon clergé dans les différents rites orientaux.

Son budget a des oscillations assez fortes et irrégulières, qui tiennent sans doute à ce qu'elle n'est pas aussi connue que les précédentes.

Le total des souscriptions ordinaires a été, de 1855 à 1899 : de 10,650,000 francs, dont 9,890,000 francs fournis par la France.

Le budget du ministère des Affaires Etrangères porte un crédit de 800,000 francs inscrit sous le titre : Allocations aux établissements français en Orient et en Extrême-Orient. — Secours aux écoles. — Frais du culte. » Cette somme est employée en grande partie pour les écoles du Levant.

L'*Alliance française* subventionne également un certain nombre d'écoles de nos missionnaires, à la seule condition que l'on y enseigne le français.

La *Société antiesclavagiste* de France, fondée en 1889 par le cardinal Lavigerie, vient en aide aux Missions d'Afrique, non seulement en combattant l'esclavage, mais plus directement, depuis quelque temps, en fondant les *Villages de liberté* dont elle a confié le soin et la direction aux missionnaires.

L'OEuvre de l'*Aumônerie militaire* enfin, fondée à Lyon, en 1894, par M. et Mme Giraud-Novallet, et qui a établi un comité à Paris, sous la présidence de Mme la générale Leroy, a également des rapports nécessaires avec nos missionnaires.

Toutes ces sources de revenus ne produisent que des recettes bien modestes et, dans leur ensemble, même jointes aux secours occasionnels que peuvent recevoir certaines Missions ou certains missionnaires, complètement insuffisantes.

Si, en effet, on les additionne ensemble, au besoin en exagérant beaucoup les aumônes particulières, qu'aucune donnée ne nous permet de contrôler ; c'est à peine si l'on arriverait au chiffre de 13,000,000, tout au plus 14,000,000. Or, 14 millions répartis entre 18,300 missionnnaires, frères ou sœurs, cela ne ferait pas 800 francs pour chacun d'eux. En fait, la Propagation de la Foi, ayant à soutenir beaucoup d'œuvres d'intérêt général, séminaires, collèges, hôpitaux, etc., etc., donne exactement aux missionnaires prêtres du séminaire des Missions Etrangères, 660 francs, et 1,200 francs aux évêques.

Or, le budget des Missions étrangères protestantes dépasse 100 millions, chiffre 8 fois plus fort que celui de tous les secours accordés à nos Missions catholiques, incomparablement plus nombreuses et plus importantes. Seuls, le dévouement et la charité infatigables de nos missionnaires maintiennent l'équilibre ; mais on est bien forcé d'avouer que notre générosité envers nos Missions étrangères n'est rien en comparaison de celle des protestants pour les leurs. La vérité est que les catholiques, sauf dans quelques diocèses français, font relativement peu pour leurs Missions ; que ces Missions ne sont pas assez connues ni suffisamment appréciées ; qu'il serait heureux de voir l'OEuvre de la Propagation de la Foi, et celle de la Sainte-Enfance, — au besoin par un acte officiel du Souverain Pontife, — établies dans tous les diocèses du monde ; que nos missionnaires français, en particulier, devraient être soutenus et aidés, même en dehors du public religieux, par tous ceux qui s'intéressent à la diffusion de notre civilisation, de notre langue et de notre influence.

IV

LA VIE DU MISSIONNAIRE

La vie du Missionnaire, comme celle du colon, est très différente en réalité de ce que le public européen a l'habitude de se la représenter.

Nourrie de ces publications courantes qui ne relatent guère de ses travaux que le côté pittoresque ou les résultats consolants, l'imagination aime à se la figurer comme quelque chose d'héroïque et de grand, — c'est souvent le cas, — et, en même temps, — ce qui ne l'est pas au même degré, — comme quelque chose de poétique et de triomphal.

Sûrement il y aura des luttes, il y aura des privations et des fatigues ; il y aura même des persécutions. Mais, dans l'ardeur de son zèle, le Missionnaire triomphe de tout. Et si, au besoin, il fallait souffrir et même mourir, il ne voit dans ces souffrances ou dans cette mort que la palme et le triomphe, au lieu des angoisses et des craintes qui les accompagnent. Quant aux privations de chaque jour, aux fatigues, aux incommodités de la vie, aux maladies de ces contrées, aux infirmités qu'une vie de travail et de labeur amènera rapidement, on sait bien qu'il y en aura ; mais à quoi bon s'y arrêter ? on les compte en bloc et la folle du logis n'envisage que le reste, que les succès et les consolations, que les résultats et le bien accompli.

Et cela est très heureux. S'il calculait trop, jamais

le soldat ne serait un héros, ni peut-être simplement
un brave ; et jamais le prêtre ne se ferait missionnaire. Et si l'histoire nous donnait une photographie
vraie de la vie de l'un et de l'autre, et non une pein-
ture qui n'en montrât que le côté brillant et sédui-
sant, ses récits ne seraient plus passionnants ni
intéressants, ce qu'il faut qu'ils soient à tout prix.

En fait, la vie du Missionnaire catholique est très
pauvre, très pénible, remplie de travaux, de privations, de tristesse souvent et d'insuccès.

Je l'ai pratiquement connue à Madagascar et je
reste plein d'admiration pour ces hommes qui la con-
tinuent avec courage, avec gaieté parfois et avec un
saint enthousiasme, pendant 20, 25 et 30 ans, jusqu'à ce que la mort les couche dans leur tombeau,
sur cette terre étrangère devenue vraiment leur patrie d'adoption. Une fois par mois, quand ils le
peuvent, ils se réunissent pour un jour à Tananarive.
ils en repartent aussitôt que possible pour leur district et leurs travaux.

Chaque district se subdivise à son tour en 15, 20,
30, 40 postes, qui sont autant de paroisses.

Dans chaque poste, il y a un hangar, — car
quel autre nom lui donner ? — qui sert d'église, un
autre qui sert d'école et, d'ordinaire, derrière l'église,
une petite chambre qui sert au Missionnaire de sa-
cristie, de cabinet de travail, de salon de réception,
de salle à manger, quelquefois de chambre à coucher. Et c'est là qu'il devra loger quand il visitera
successivement chacun de ses postes pour y donner
une petite mission, pour y inspecter les écoles, y administrer les sacrements, y préparer et y conférer
quelques baptêmes, y rétablir l'ordre, y relever les
ruines, y bâtir une chapelle, etc., etc.

Cette vie de perpétuel mouvement est très dure.

Les voyages sont très pénibles, en filanzane, à cheval, à âne, parfois à pied, sous un soleil ardent, sous un climat énervant et souvent fiévreux, sans aucune des commodités qui aident à supporter la fatigue.

Un ou deux *boys* portent sur leur tête votre batterie de cuisine, vos provisions et tout votre mobilier, pour l'église et pour vous. C'est dire que ce mobilier est réduit au strict minimum. Comme repas, vous aurez du riz, des herbes cuites, parfois un peu de viande.

Chaque mois, vous recevrez 10 francs pour votre subsistance personnelle. Avec cela, si surtout vous avez quelques pauvres à aider, — et presque tous les Malgaches sont pauvres, tous au moins sont mendiants, — comment arriverez-vous à vivre?

Au centre du district, vous aurez un jardin avec quelques légumes, une maison et une chambre indépendante. Mais là non plus vous ne serez pas tranquille, devant continuellement vous tenir à la disposition de tout le monde, causer pendant des heures de mille riens, tout à fait dépourvus d'intérêt, et ne jamais marquer la moindre impatience ; ou bien aller visiter les hameaux voisins ; ou bien encore faire le catéchisme ou la classe, ou réparer vous-même le toit de votre maison, de votre église.

A côté de vous, souvent, s'étale en une belle situation, un peu en dehors du village, dans un grand emplacement soigneusement entouré de murs, la demeure du missionnaire protestant.

Là, rien ne manque ; ici, tout fait défaut. Là, c'est le confort, sinon le luxe ; ici, c'est le dénuement. Là, c'est une maison pleine d'entrain et de gaieté, avec la femme du pasteur pour la tenir propre et en bon ordre, et un lot de jeunes têtes blondes pour y entretenir la joie ; ici, c'est la solitude la plus complète. Et cette solitude absolue est peut-être ce qui pèse le plus au missionnaire, qui a tant besoin de s'épancher, de se confier, de prendre conseil, et qui ne peut jamais se lier, pas même avec ses néophytes, ni se fier complètement à eux. Ils sont trop différents de lui pour être, en aucune manière, ses confidents ou ses amis, au sens strict du mot.

Si encore, au prix de cet isolement, de ces fatigues, de ces privations, de cette pauvreté, le missionnaire obtenait de ces succès tangibles et visibles, dont la vue soutient et encourage, qui sont la meilleure de toutes les récompenses humaines ?

Mais non, souvent il en est à se demander s'il ne perd pas son temps.

Sans doute, le bien se fait et des résultats sérieux sont obtenus à la longue. Mais ces résultats sont plutôt un bien d'ensemble, qui se fait petit à petit et que l'on a besoin de regarder de loin, après un certain nombre d'années, pour bien le constater.

Quant au travail de chaque jour, quant aux résultats partiels obtenus, le missionnaire s'en rend à peine compte, tellement ils sont peu visibles à qui vit à côté.

On inscrit un certain nombre de catéchumènes qui viennent vers vous pour des motifs parfois très humains : à votre prochain voyage, plusieurs se seront peut-être fait inscrire chez l'*Anglais,* — c'est le terme consacré là-bas, — ou bien n'auront plus reparu aux instructions. On baptise un certain nombre de néophytes ; quelques mois plus tard, s'ils n'ont pas apostasié, plusieurs seront tombés dans une indifférence complète. On a de nombreuses écoles, où l'on a de la peine à réunir régulièrement les enfants : on fonde sur ces écoles, qui coûtent très cher, les plus légitimes espérances ; vers 12, 13, 14 ans, les enfants vous quittent, un peu dégrossis, insuffisamment instruits ; quelques mois plus tard, beaucoup sont méconnaissables, flétris par l'inconduite, et c'est là, de toutes les épreuves, la plus amère. Et cependant, comment en serait-il autrement, avec ces pauvres natures païennes, doublement corrompues et par le penchant au mal que nous portons tous en nous, et par cette autre tare locale qui tient à un long atavisme d'inconduite et d'immoralité ?

A toutes ces déceptions, à toutes ces fatigues, à toutes ces privations, à cet isolement et à cette absence de travail intellectuel, de la lecture, de la vie de l'esprit pour laquelle le temps manque et aussi les moyens matériels, ajoutez la fièvre que l'on n'évite jamais complètement et que quelques-uns gardent pour ainsi dire à l'état endémique ; ajoutez l'anémie qui vous use, et vous rend de plus en plus énervé et sensible aux petites contrariétés et aux moindres ennuis ; ajoutez les difficultés que l'on rencontre partout et qui peuvent vous venir de tous les côtés, de l'ignorance, de l'envie, de la méchanceté ; ajoutez l'ingratitude de tous, la calomnie de certains, et peut-être vous ferez-vous une faible idée de la vie de souffrances et de sacrifices continuels qu'est la vie du missionnaire à Madagascar.

Aux Indes et ailleurs, sauf quelques différences accidentelles qui tiennent à la race et au climat, c'est à peu près la même chose.

« La vie des missionnaires dans l'Inde, raconte M. Launay, n'a jamais offert les péripéties, les dangers et les souffrances des ouvriers apostoliques évangélisant les pays que désole la persécution. Sous ce rapport, elle s'écoule paisible, fatigante seulement par le travail et les ardeurs du soleil...

« La nourriture des missionnaires de l'Inde dans les villes, poursuit le même auteur, est assez peu variée. Le riz cuit à l'eau et le mouton assaisonné de sauces plus ou moins épicées, en font la base et le sommet. Dans les campagnes, elle est plus monotone encore et réellement pauvre. Presque aucun missionnaire ne mange de bœuf ou de veau, chose qui répugnerait extrêmement aux Indiens. On voit rarement du vin sur les tables, et s'il y en a, on en prend quelques gorgées ; la boisson ordinaire est l'eau...

Les voyages se font à pied, à cheval, en voiture ou en char à bœufs, pour aller administrer les petites chrétientés du vaste district.

« Le missionnaire se met en route, généralement, vers trois ou quatre heures du matin, s'arrête vers neuf heures et repart à deux heures en hiver, trois heures en été et s'efforce d'arriver vers le coucher du soleil, ou du moins avant la nuit close à l'endroit où il veut se reposer, pour avoir le temps de se procurer la nourriture dont il aura besoin.

« S'il suit une route où ne se rencontrent pas de *bungalows*, il s'arrête à peu de distance, ou même au milieu des villages, afin d'être moins exposé aux attaques des voleurs ; il se fait un abri avec des toiles pour éviter les regards des curieux et surtout se garde de manger à la vue des étrangers, ce qui serait contraire aux usages indiens. Il passe la nuit enveloppé dans sa couverture, ou mieux encore dans son char, et repart le lendemain matin de très bonne heure. »

En Chine, c'est comme aux Indes, avec cette différence que le climat, au lieu d'être constamment chaud, est très froid en hiver, beaucoup plus qu'en France, et très chaud en été, à peu près comme dans l'Hindoustan ; avec cette différence également, que le missionnaire y dépouille toutes ses habitudes d'Europe pour y devenir un vrai Chinois. Il y perd son nom pour en prendre un très honorifique, mais entièrement exotique : Hia-Ming Ley-Hiny-li au lieu de Henri. Il y abandonne tous ses habits d'Europe, même sa soutane, pour y substituer de multiples vêtements, tous très amples, très bouffants et très orientaux. Il devra se façonner à la multiple étiquette chinoise, si étrange, si compliquée, si exigeante et si indispensable. Il devra manger à la chinoise, du riz surtout et du porc, avec deux bâtonnets en guise de couteau et de fourchette. Il logera dans des maisons fort différentes, suivant les endroits où il habitera, ordinairement des paillotes aux parois de roseau ou des gourbis en terre. Comme son confrère de l'Inde ou de Madagascar, il aura beaucoup à voyager et il le fera en barque sur les fleuves ou sur les canaux, ou bien encore dans l'intérieur des terres sur sa mule ou en brouette, la célèbre brouette chinoise dont tout le monde parle, mais dont presque seuls les missionnaires éprouvent chaque jour l'incommodité.

Du reste, ce sont les mêmes occupations, la même administration de postes multiples, la même surveillance des écoles et des églises, les mêmes difficultés à vaincre, les mêmes épreuves à subir, le même isolement, les mêmes travaux, et trop souvent les mêmes déboires et les mêmes insuccès apparents, avec des procès multiples en plus et les dangers de la persécution.

En Océanie, et en particulier en Polynésie, c'est aussi la même chose. On n'y mange plus les missionnaires, comme on l'a fait, il y a moins d'un demi-siècle. S'il y a des tracasseries, et même des persécutions, elles viennent, est-ce assez triste à dire ! des agents français ou des Wesleyens anglais, jamais des indigènes, même païens, qui aiment et respectent le missionnaire ; jamais surtout des autorités anglaises, qui le protègent et au besoin le favorisent.

Seulement, l'isolement devient plus grand là que partout ailleurs, le missionnaire étant jeté par une goëlette sur une petite île de 200 ou 300 habitants, où il sera seul pendant des jours, et parfois pendant des semaines. Une embarcation viendra alors le reprendre pour le déposer dans une autre île, où il fera le même séjour, et ainsi de suite, jusqu'à ce qu'il ait parcouru toutes les îles à lui confiées.

De la vie du missionnaire en Afrique, je ne dirai rien pour ne pas prolonger outre mesure cette description. Mais, en Afrique plus qu'ailleurs, au milieu de vastes régions, forêts ou marécages encore inconnus de l'intérieur, dans ces climats brûlants, humides, saturés de fièvres, au sein de ces populations grossières ou fanatiques, encore adonnées au fétichisme ou converties à l'islam ; à côté d'Européens qui ne se servent souvent de leur instruction que pour opprimer les indigènes et satisfaire leurs passions, cette vie est une croix et un martyre continuels. Et ceux-là seuls peuvent y résister qui ont une santé de fer, qui ont un caractère fortement trempé, qui ont un zèle dévorant et une foi à transporter des montagnes, qui ont une patience supérieure à toutes les épreuves.

Voilà donc ce qu'est la vie du missionnaire : une vie tout entière de dévouement, d'abnégation, de souffrances, d'obscurité, d'humbles travaux que personne ici-bas n'apprécie et ne récompense, de services rendus à des gens qui ne lui en auront aucune reconnaissance.

Et quand il sera usé, quand il sera infirme, quand ses forces l'abandonneront, il n'y aura pour lui ni repos, ni retraite, ni retour en France. Il ralentira ses courses ; on lui donnera un poste moins lourd, si toutefois on le peut, et il continuera à marcher tant qu'il pourra se tenir debout, à instruire tant qu'il pourra parler, à diriger et à gouverner son district, tant qu'il aura un souffle de vie. Et il mourra comme il aura vécu, pauvre, obscur, inconnu, avec le souvenir de la tâche accomplie, des souffrances endurées, la pensée consolante de la récompense à recevoir.

CHAPITRE II

Nos Missions et leurs résultats.

Ces résultats, qui sont, par suite du but même poursuivi, des résultats moraux, ne peuvent être comptés ni mesurés, et sont, par cela même très difficiles à apprécier. Ce que nous en dirons donnera cependant, je l'espère, satisfaction, au moins partielle à une préoccupation très légitime de ne pas sacrifier en vain notre argent et nos forces, et répondra suffisamment à une accusation que l'on ne rencontre que trop souvent, non pas nettement formulée, mais clairement sous-entendue, et qui est la suivante : nos missionnaires à l'étranger perdent et leur temps et leur peine.

Nous ne nous arrêterons pas ici à décrire les services très grands qu'ils rendent à la science, à la littérature, à la linguistique, à la cartographie, à la géographie, à l'ethnographie, à l'histoire naturelle, etc. M. Fauvel, à qui les hasards de sa carrière ont permis de parcourir la plupart de nos missions, a consacré trois articles très condensés du *Correspondant* à décrire, ou plus exactement à

énumérer les travaux scientifiques de nos missionnaires, les découvertes que nous leur devons, les
livres qu'ils ont publiés, les services qu'ils ont rendus à nos voyageurs et explorateurs, les terres
qu'ils nous ont fait connaître, les établissements, ob-
servatoires et autres, qu'ils ont fondés, les cartes
qu'ils ont dressées, les récompenses honorifiques
qu'ils ont reçues du gouvernement, de l'Institut, des
Sociétés de géographie, de l'Etat, etc. Son travail
n'est guère qu'une nomenclature. Mais on reste litté-
ralement stupéfait d'admiration devant ce catalogue,
et l'on se demande comment ces hommes, qui ont
quitté leur pays dans un but tout différent, qui ont
d'autres occupations très nombreuses et très absor-
bantes auxquelles ils se doivent tout d'abord, qui
n'ont rien entre les mains de ce qu'il faut pour des
recherches ou des études scientifiques, ni argent, ni
aide, ni bibliothèques, ni laboratoires, ont pu arriver
à de tels résultats (1).

Nous n'entrerons dans aucun détail pour dire tout
ce qu'ils ont fait pour la propagation et le développement de notre civilisation, au double point de vue
moral et matériel. Et cependant, qu'il y aurait de
choses à dire et combien intéressantes ! Les indigènes
de l'Océanie, autrefois cannibales invétérés, auprès
desquels pas un équipage de nos vaisseaux ne pouvait s'aventurer, sous peine d'être massacré et dévoré,
qui se faisaient la guerre entre eux, une guerre in-
cessante et acharnée, dans l'unique but de se procurer de la viande humaine, devenus aujourd'hui de
paisibles et inoffensifs cultivateurs. Les noirs de
l'Afrique, chez qui le mariage n'existait pas, ni la
famille, ni la dignité et presque la personnalité de la

(1) Cf. Le correspondant du 10 août, 10 et 15 sep., 1900.

femme, chez qui se commettaient, par suite de la superstition ou des passions, des cruautés sans nom, s'unissant dans des unions régulières et stables, et se consacrant dans des villages fixes à un travail régulier, au milieu de l'ordre et de la tranquillité ; la famille se fondant respectée et respectable, au sein d'une dissolution sans nom, dans l'île de Madagascar ; l'infanticide des jeunes filles se cachant d'abord en Chine, puis prenant honte de lui-même et diminuant rapidement à mesure que l'OEuvre de la Sainte-Enfance s'y développait ; l'esclavage partout attaqué, s'adoucissant, diminuant, disparaissant rapidement ; le droit de propriété, la moralité publique, la pudeur chrétienne, cette fleur et cette sauvegarde de la vertu, le respect de la femme, de l'enfant, du vieillard, etc., se répandant, se développant, se multipliant, sous l'influence de nos missionnaires, pour répandre, développer, multiplier la civilisation morale du christianisme, voilà ce qu'il nous faudrait raconter et faire connaître.

Et au point de vue matériel, qui a appris à tant de sauvages, à tant d'indigènes arriérés et ignorants, nos métiers, nos sciences, nos arts d'Europe, si ce n'est le missionnaire ? Je n'en veux d'autres preuves que les suivantes. En Afrique, ils ont 98 écoles d'agriculture et 201 en Asie. « Les Pères du Saint-Esprit, m'écrivait à ce propos leur supérieur général Mgr Le Roy, ayant la plupart de leurs Missions dans les pays de colonisation récente et de civilisation rudimentaire, ont cherché à donner à ces établissements un caractère pratique, répondant aux conditions particulières dans lesquelles ils se trouvent...

« L'enfant est formé au travail dans les jardins et les cultures de l'établissement. Puis, quand il a grandi, qu'il possède une instruction suffisante et qu'il sait manier un outil, il est versé dans l'un des ateliers généralement annexés à la Mission, et devient ainsi charpentier, menuisier, charron, maçon, briquetier, boulanger, cordonnier, tailleur, etc.

« Dans les établissements parallèles, les filles sont formées par les religieuses aux travaux et aux professions qui conviennent à leur sexe. »

Ce n'est là qu'un exemple. Et voilà pourquoi l'enseignement de nos missionnaires est partout si varié et s'adapte si bien aux besoins des divers pays où ils sont établis, dont ils connaissent les besoins, les mœurs, les ressources. Voilà pourquoi et par leurs leçons et par leurs exemples, — étant à la fois instituteurs et artisans, catéchistes et cultivateurs, — ils relèvent rapidement le niveau et la situation matérielle des peuples évangélisés.

Tout cela, il serait utile de le mettre en relief, par des faits et par des exemples précis. Nous n'en avons pas le temps. Mais nous devons dire un mot au moins des trois occupations qui constituent principalement la vie de nos missionnaires : l'apostolat, l'éducation et les œuvres de charité.

Tout est à créer en fait d'assistance et de charité dans la plupart des pays de Missions, et naturellement de ces créations nouvelles tout le poids retombe sur la Mission qui souvent commence par elles son action et par elles surtout réussit. Il n'y a pas de Mission qui n'ait ses dispensaires, où les naturels viennent chaque jour en grand nombre demander une consultation et recevoir des remèdes ; — qui n'ait ses orphelinats pour accueillir et élever les enfants abandonnés, leur donner une éducation appropriée à leurs besoins futurs et les garder jusqu'à leur établissement définitif ; — qui n'ait ses hospices pour y recevoir les vieillards infirmes ; qui n'ait ses hôpitaux parfois rudimentaires, parfois, au contraire, très bien organisés, pour y soigner les malades ; — qui n'ait également, quand cela est nécessaire, ses léproseries où vivent et meurent, consolés et contents, parfois heureux, ces pauvres débris humains qu'on appelle des lépreux.

C'est à ces œuvres d'assistance, en même temps qu'à celles d'éducation, que se consacrent surtout nos sœurs missionnaires, et également les diverses « vierges » indigènes, sous leur direction ou sous celle du missionnaire.

Le nombre de ces diverses œuvres de charité est très considérable :

655 en Asie, — 323 en Afrique, — 13 en Océanie, — 47 dans les Missions d'Amérique. En tout 1038.

Et parmi elles, il y en a de très remarquables. Ainsi l'hôpital de Beyrouth, tenu par les sœurs de Saint-Vincent de Paul, reçoit plus de 1.500 malades par an ; celui de Jérusalem compte 36 vieillards, 82 enfants, 112,464 malades assistés, 16.000 visites à domicile ; celui d'Ourmiah, en Perse, 170 élèves, 30 orphelins, 2.820 malades à l'hôpital et 10.000 pauvres assistés en 1899. Ainsi la léproserie de Mandalay, en Birmanie, qui compte 250 malades, ou bien celle de Molokaï, aux Sandwich en Océanie, illustrée par l'héroïque dévouement du P. Damien ; ou bien celle de Saint-Camille d'Ambohivoraka à Madagascar, fondée depuis de longues années, avant que les missionnaires anglais aient eu la pensée de recueillir ces malheureux. Ainsi également les orphelinats de Chine, qui ont sauvé des centaines de milliers d'enfants.

Quoi qu'ils aient fait pour les œuvres de charité et d'assistance, nos missionnaires ont encore fait davantage pour celles d'éducation. Et cela se comprend. C'est par l'éducation, en effet, par la formation de nouvelles générations, qu'un pays se transforme, qu'il s'élève, se civilise, et de païen, de fétichiste, de sauvage qu'il était, devient vraiment chrétien.

Nous avons évalué plus haut à environ 4.500 le nombre de nos Missionnaires français, et en comptant avec eux les divers auxiliaires indigènes, prêtres, frères, sœurs, catéchistes, vierges, maîtres et maîtresses d'école, à plus de 40.000, le personnel de nos Missions.

Tous ne s'occupent pas uniquement d'éducation, mais le plus grand nombre cependant s'en occupe et il semble que l'on n'exagérerait pas en évaluant aux 3/4 ou aux 4/5 le nombre de ceux qui y travaillent à l'éducation. Et alors nous atteindrions le chiffre de 30 à 32.000.

Or, dans combien d'écoles et à combien d'élèves enseignent ces 30.000 ou 32.000 maîtres?

J'ai relevé en 1900 sur les feuilles de renseignements demandés aux diverses Sociétés de Missions, en vue du rapport à dresser pour l'Exposition des Missions catholiques françaises, tous les chiffres qui nous ont été envoyés sur les écoles, et je suis arrivé à certains résultats trop vagues, trop incomplets, mais intéressants tout de même et significatifs.

Et d'abord le nombre des écoles est de :

Universités.	2
Collèges	125
Séminaires.	87
Orphelinats.	304
Ecoles	9 428
Total. . .	9 946

sur un ensemble de :

Séminaires	193
Collèges et écoles	12 774
Total. . . .	12 967

ce qui donnerait plus de 76 0/0 en faveur des écoles des missions françaises.

Quant au nombre des élèves, les renseignements fournis par les Sociétés de Missions nous donnent :

Europe, pays des Missions . .	10.927	enfants.
Asie	272.544	—
Afrique.	165.291	—
Amérique	52.615	—
Océanie.	16.900	—
Total	518.277	enfants.

Ce chiffre, toutefois, est loin d'atteindre la réalité, beaucoup de Sociétés, n'ayant pas répondu ou n'ayant répondu qu'imparfaitement, en particulier pour l'Océanie et pour l'Amérique ; et je ne crois pas exagérer en portant à environ 750,000 le nombre des élèves fréquentant les écoles de nos Missions françaises.

Quant aux diverses Sociétés de Missions, sans vouloir entrer dans des détails qui deviendraient fastidieux, ni, à plus forte raison, dans des comparaisons qui seraient odieuses et fausses, tellement les circonstances sont différentes, nous pouvons dire, en général, que :

Les Missions étrangères de Paris ont	3.012	écoles	91.678	élèves
Les Oblats de Marie Immaculée . .	429	—	31.600	—
Les Lazaristes	663	—	16.744	—
Les Jésuites.	2.300	—	218.181	—
Les Frères des Ecoles chrétiennes.	?	—	20.014	—
Les Petits-Frères de Marie. . . .	137	—	24.328	—
Les Frères de Ploërmel.	57	—	7.150	—

Quant aux résultats au point de vue de l'apostolat, il y a en ce moment 54,366 catholiques, au Japon 720,797 en Chine, 827,859 en Indo-Chine, 1,628,164 aux Indes, 3,419,524 dans toute l'Asie.

Les chiffres pour l'Afrique sont beaucoup plus faibles, et cela devait être, d'abord parce que le

chffire de la population totale du continent noir est
très inférieur à celui du continent jaune, ensuite
parce que les Missions africaines ne datent, pour le
plus grand nombre, que de la seconde moitié de ce
siècle, beaucoup, de ces dernières années; enfin,
parce que notre colonie de l'Algérie, où il y a plusieurs centaines de mille de catholiques, n'est plus
considérée comme un pays de Mission.

Parmi les vicariats apostoliques les plus prospères,
le Victoria Nyanza septentrional, qui occupe une
partie de l'Ouganda, celle laissée aux missionnaires
français, compte 39,586 catholiques et 166,000
catéchumènes. Le vicariat central de Madagascar, qui comprend, il est vrai, les parties les plus
peuplées de l'île, et les seules qui aient été évangé-
lisées depuis une quarantaine d'années, compte
118,411 catholiques. Il y a, en ce moment, dans
toute l'Afrique, en ne comptant que les baptisés
450,000 catholiques, tandis qu'au commencement
de ce siècle, il n'y en avait pour ainsi dire pas.

En Océanie, il n'y en avait aucun. L'Océanie, en
effet, est un pays tout nouveau, pour nous Européens,
et sa partie la plus importante, le continent austra-
lien, n'en est encore qu'à l'aurore de sa vie. La religion chrétienne n'a donc pu y être prêchée depuis
longtemps. Et, de fait, l'établissement de nos Missions
les plus anciennes, celles des Pères de Picpus et des
Pères Maristes, n'y remonte pas au delà de 1827;
quelques-unes datent seulement de deux ou trois
ans.

Or, l'Australie, la Tasmanie et la Nouvelle-Zélande
ne sont déjà plus des pays de Mission, tellement les
progrès de la religion chrétienne y ont été rapides.
En 1838, il n'y avait pas un seul catholique. En
1896, sur une population de 3,685,000 habitants,

750,000 étaient catholiques, qui, ajoutés aux 159,048 répartis dans les petites îles, font un total de 909,048 catholiques pour toute l'Océanie.

Laissant de côté les Missions de l'Europe, l'Angleterre et l'Ecosse, la Suède, le Danemark et la Norvège, la Hollande et l'Allemagne, la Suisse et les principautés danubiennes : laissant de côté également les terres catholiques de l'Amérique du Centre et du Sud, nous arrivons, en réunissant tous les chiffres que nous venons de citer, aux résultats suivants : Amérique (1) 688,749, Asie 3,419,524, Afrique 450,000, Océanie (2) 159,048 ; total : 4,689,321.

Evidemment ces chiffres sont bien faibles en eux-mêmes, bien faibles surtout relativement à l'immense population indigène des pays évangélisés. 54,366 catholiques au Japon, qu'est-ce que cela sur 40 millions d'habitants ? Et 720,797 catholiques en Chine, au milieu de 400 millions d'habitants presque tous païens? Et, aux Indes, 2 millions de catholiques pour 252 millions d'habitants ? Et, en Afrique, 1 million de catholiques pour 200 millions d'habitants ? Faibles également, en regard des résultats obtenus, surtout en Asie, dans la première moitié du dix-huitième siècle, avant la destruction de la Compagnie de Jésus, puisque l'on comptait alors 2,000,000 de catholiques au Japon, et 2,500,000 aux Indes, pour ne parler que de ces pays.

Mais les Eglises d'Afrique sont certainement plus prospères ; mais celles d'Océanie ont été fondées, en particulier, en Nouvelle-Zélande et en Australie, où la hiérarchie catholique a pu être régulière-

(1) Non compris les Etats-Unis et le Canada.
(2) Non comprises l'Australie, la Nouvelle-Zélande et la Tasmanie.

ment constituée ; mais l'Eglise du Canada a passé,
au courant de ce siècle, de 130,000 à 2,111,794
catholiques, et celles des Etats-Unis de 36,000 à
10,127,677.

Surtout les nouvelles Missions sont mieux orga-
nisées, étant presque toujours confiées à un seul
ordre religieux, mieux constituées, et ont en elles, si
je ne me trompe, plus de vitalité et de force, et devant elles plus d'avenir.

CHAPITRE III

Nos Missions et leur utilité au point de vue français.

Nos missions catholiques françaises sont établies dans trois sortes de pays :

1° Dans les contrées étrangères, soumises à des nations européennes, comme, par exemple, les possessions anglaises ou allemandes du continent africain, de l'Asie, du Pacifique.

2° Dans les contrées indépendantes, comme les Échelles du Levant, le Siam, le Japon, la Chine, etc.

3° Dans les colonies et proctectorats français.

Les unes et les autres — outre leur utilité plus élevée et plus générale, au point de vue de la vérité, de la moralisation, de la civilisation, qui seule suffirait à justifier leur existence et mériterait toutes nos sympathies — nous rendent, par surcroît, à nous Français, les plus signalés services, en travaillant à l'extension de notre langue, de nos idées, de notre religion, de nos intérêts, de notre influence.

Faire ressortir les services que rendent à la France des missionnaires français dans des pays appartenant à une autre nation, qui facilement est une nation rivale, n'est-ce pas encourager le mouvement déjà très accentué de la *nationalisation* des Missions ? N'est-ce pas s'exposer à hâter le moment où nos missionnaires français seraient remplacés dans les colonies de chaque pays par des missionnaires belges ou allemands ou anglais? L'Allemagne, en particulier, favorise de tout son pouvoir ses missionnaires, même catholiques, et c'est la tendance très marquée de sa diplomatie étrangère, de les servir et de s'en servir, partout où flotte son pavillon, partout où se fonde une entreprise, même d'ordre privé, allemande.

L'objection paraît sérieuse, mais on ne s'imagine pas, je pense, que le gouvernement allemand, par exemple, ignore dans ses possessions la présence d'une mission française, son importance et son influence. Il n'ignore rien, il connaît et il suit toutes ses [œuvres. Il sait tout et il ne dit rien. Pourquoi? Par faibless_e ou par inertie ? Ce n'est pas son habitude. Pa sympathie pour une œuvre catholique ? Non encore. Il ne dit rien et il garde nos Missions catholiques, comme l'Angleterre les garde aux Indes, comme elle les a gardées au Canada, parce qu'il sait qu'il n'a rien à craindre d'elles, qu'elles n'apprendront aux indigènes que la soumission et le respect pour le pouvoir légitimement établi, parce qu'il est assuré de leur absolu et complet *loyalisme*. —

S'ensuit-il que ces missions françaises en pays étrangers soumis à des puissances européennes soient par le fait inutiles à leur propre pays?

Il faudrait pour cela prétendre que nous n'avons plus rien à faire dans un pays, dès lors que nous avons renoncé à y établir notre domination. Mais alors n'y envoyons plus de voyageurs ni de commerçants, ni d'ingénieurs, ni de vaisseaux, ni de représentants d'aucune sorte.

Entre la possession effective et l'abandon complet

d'un pays, il y a bien des situations intermédiaires, dont quelques-unes peuvent parfois nous être très avantageuses.

Or, ce sont ces situations intermédiaires, plus ou moins utiles à notre influence et à nos intérêts, que nos missionnaires contribuent puissamment, parfois uniquement, à nous conserver dans ces pays, et cela constitue un énorme service.

Ils sont Français, et comme tels ils empêchent le nom français de tomber dans l'oubli.

Ils sont Français, et comme ils ont de l'influence autour d'eux et qu'ils savent se faire aimer, ils font aimer la France.

Les pouvoirs publics, dans ces pays qui souvent sont encore sauvages, ont à commander, à réprimer, à punir, à sévir, parfois lourdement ; les missionnaires, au contraire, répandent autour d'eux la lumière et la bonté et multiplient les services. Une atmosphère de sympathie se forme donc autour d'eux qui, naturellement, se reporte sur leur pays.

Ces missionnaires, entre eux du moins, parlent français et, autant que possible, enseignent le français. Ils parlent de la France avec laquelle ils restent constamment en contact, et ils font connaître ce qu'elle a de bon, de juste et de grand. Quand un Français vient à passer dans leur voisinage, ils le reçoivent, — tous nos voyageurs vous diront avec quel bonheur, — le fêtent, le recommandent, l'aident de tout leur pouvoir. S'il vient s'y établir, ils mettent à sa disposition toute leur influence, et c'est à cette influence, à leur connaissance du pays et à leurs avis, s'il sait les écouter, que, le plus souvent, il devra de réussir.

Les autres nations propagent leur nom et étendent leur influence surtout par leurs commerçants, par leurs établissements financiers et industriels, par leurs émigrants.

Nous avons peu d'émigrants, nous, mille fois trop peu. Mais nous avons, pour y suppléer en partie, de toutes les émigrations la plus saine, la mieux choisie, la mieux faite pour répandre partout le bon renom de notre pays, nos missionnaires, nos Frères et nos Sœurs, qui enseignent, qui instruisent, qui consolent, qui soulagent, qui passent en faisant le bien. Nous n'en avons pas le monopole, mais nous devançons, dans cette émigration, toutes les autres nations réunies ensemble, dans la proportion de 4 à 1. Qui oserait dire qu'une pareille émigration nous est inutile ?

Je suppose que des négociants français aient le monopole du commerce dans une colonie allemande, ou du moins qu'ils y aient une situation prépondérante, comme c'est, hélas ! trop souvent l'inverse, croyez-vous que l'existence de ces négociants français dans ces colonies allemandes fût inutile à l'influence et à l'intérêt de la France ?

Evidemment non.

Pourquoi donc ne comprenons-nous pas toute l'importance que nous avons à posséder des missions françaises dans des contrées qui ne sont pas françaises, mais où cependant il est de notre intérêt d'être représentés, de n'être pas oubliés, d'être aimés et appréciés ?

Bien plus considérables cependant sont les services que ces mêmes missions nous rendent, dans les pays étrangers indépendants, dans les Echelles du Levant, au Siam, en Chine, au Japon, etc.

Ces missions, d'abord quand il s'agit du Levant et de l'Extrême-Orient, nous sont rattachées par un lien séculaire, celui du Protectorat des missions chrétiennes, à la fois un insigne honneur et un très utile privilège. C'est grâce à ce protectorat que nous avons été et que nous restons, en dépit de toutes les défaillances à l'intérieur, « la grande nation catholique », suivant un mot très courageux et très vrai de M. Delcassé à la tribune de la Chambre. Car, franchies nos frontières du Nord ou de l'Est, franchies surtout les frontières de l'Europe, français ou catholique, cela veut dire la même chose, comme anglais et protestant, comme russe et schismatique ; et c'est là un fait que certains peuvent regretter et voudraient voir disparaître, mais que personne ne peut révoquer en doute ; car contre un fait, on ne peut que se rendre, quand on est sincère et de bonne foi.

Grâce à ce fait et à ce privilège, tous ceux qui travaillent à l'extension du catholicisme à l'étranger, fussent-ils espagnols comme les Dominicains ou les Franciscains en Chine, fussent-ils italiens comme les mêmes Franciscains dans le Levant, deviennent protégés français, et, par suite, indirectement mais réellement, travaillent dans l'intérêt et à l'extension de l'influence de la France.

Cela est si vrai que le gouvernement français subventionnait la Mission de Mardin, qu'administraient, jusqu'à ces dernières années, des Capucins italiens, et que ces Capucins italiens donnaient, dans leurs écoles de cette ville, l'enseignement du français. Cela est si vrai que les Pères Jésuites siciliens du collège Sainte-Pulchérie à Constantinople y enseignaient en français avant que ce collège ne passât entre les mains de nos Lazaristes français.

Et voilà un premier service que nous rendent à

l'étranger les Missions catholiques, même de nationalité étrangère.

Mais quand ces Missions sont françaises, elles nous en rendent d'autres plus directs et plus étendus.

Ce sont d'abord ceux que nous rendent nos Missions dans les territoires étrangers soumis à des nations européennes, mais plus considérables et d'une plus grande portée, parce que ces pays sont ordinairement moins avancés au point de vue de la civilisation du gouvernement ; parce qu'ils ne sont pas soumis à une administration européenne qui les domine, qui les encadre, qui les tient en quelque sorte en tutelle, et qui, par suite, circonscrit davantage l'influence du missionnaire ; parceque, seuls souvent, parmi ceux qui les entourent, ces missionnaires appartiennent à une race supérieure dont on subit l'ascendant, à son insu et malgré soi, alors même qu'on la nie ; parce que, pour l'ordinaire, le pouvoir y est plus lointain et plus ignoré, laissant ainsi davantage le champ libre à la Mission ; parce qu'il est plus injuste, plus vexatoire, plus inique, lui donnant ainsi le plus souvent l'occasion de secourir des misères, et parfois d'arrêter des injustices.

Souvent, dans une contrée très vaste, très pauvre et complètement abandonnée, le missionnaire est le seul homme qui sache quelque chose, qui ait reçu une éducation suffisante, qui ait de l'autorité, qui puisse enseigner, qui surtout puisse soulager, soigner, guérir ; qui puisse instruire et pacifier ; qui réconcilie, qui juge, qui arrête les luttes intestines, qui enseigne un peu de culture, d'hygiène, de propreté ; qui soit le chef moral

effectif, d'autant plus facilement obéi qu'il ne demande rien pour lui-même, qu'il se dépense, au
contraire, tout entier, lui et tout ce qu'il peut posséder ou peut se procurer, pour le bonheur et le
bien-être de ceux qui l'entourent ; qu'il est devenu
leur compatriote, leur ami, leur frère ; qu'il ne vit
que pour eux, qu'il mourra et sera enterré au milieu
d'eux.

Personne n'a un plus grand amour que celui qui
donne sa vie pour ses amis. Cela le missionnaire
le fait. Étonnez-vous ensuite s'il acquiert une influence considérable sur ces pauvres gens, une influence parfois prédominante.

Or, il est Français, et cette influence, indirectement d'ordinaire, mais d'une manière très vraie et
très effective, remonte jusqu'à son pays.

En voulez-vous un exemple et un témoignage
indiscutable ? Je l'emprunterai à M. Marcel Monnier,
le grand voyageur français et dans l'Empire du
Milieu, le correspondant du *Temps*, qui ne saurait
être suspect à personne. Voici ce qu'il nous disait,
le 21 mars 1899, à la Société de Géographie de
Paris. Je le cite d'après son propre manuscrit :

« Si, à l'heure actuelle et commercialement parlant,
l'influence européenne n'a pas encore entamé le
Se-Tchuen ; s'il n'est pas une nation — pas plus
l'Angleterre que l'Allemagne ou l'Amérique — qui
puisse se flatter d'avoir pris, à cet égard, une avance
appréciable sur ses rivales, il ne faut point oublier que,
dans un autre domaine, le domaine des idées et des
croyances, la France a depuis longtemps pris posi-
tion. Elle y est représentée par une association des
plus florissantes, la Société des Missions Etrangères.
Parmi ses établissements créés de longue date en
Chine, les plus importants sont ceux de Se-Tchuen.

Ils forment trois vicariats apostoliques, près de 200 paroisses, une population chrétienne de plus de 100,000 âmes, population composée non pas de néophytes, mais, pour la majeure partie, de familles dont la conversion remonte à deux ou trois générations. Or il est à remarquer qu'il ne s'agit pas uniquement ici de pauvres gens, mais aussi de familles appartenant aux classes élevées. Dans le nombre figurent quelques noms des plus riches marchands de la province, personnages influents et considérés. Le très éminent Vicaire apostolique du Se-Tchuen occidental, Mgr Dunan, dont j'ai eu le plaisir d'être l'hôte à Tching-Fou, m'affirmait que, dans chacune des 60 paroisses de son vicariat, il se faisait fort de procurer, le cas échéant, à nos compatriotes, non pas un, mais plusieurs correspondants solides, dont il pouvait répondre comme de lui-même. »

Et, pour la diffusion de notre langue, quels services nos Missionnaires ne nous rendent-ils pas ?

En Egypte où, pendant si longtemps, nous avions la supériorité dans l'enseignement grâce aux efforts des Jésuites d'Alexandrie et du Caire, des Frères des écoles chrétiennes, de nos Sœurs et des autres Missionnaires ; où l'enseignement du français gardait la prédominance, même dans les écoles officielles où 59 0/0 des enfants l'apprenaient, il suffit de la malheureuse affaire de Fachoda pour nous faire perdre notre avance et, en quelques semaines, ramener ce chiffre à 33 0/0. Seuls les établissements libres résistèrent, et même continuèrent, leur marche en avant, puisque, de 7.868 en 1889-1896, de 9.411 en 1896-1897, leurs élèves apprenant le français passèrent à 10.634 en 1898-1899.

Tout le monde, il y a trente ou quarante ans, parlait italien dans les colonies étrangères, à Beyrouth, à Smyrne, à Alep, et toutes les transactions commerciales se faisaient en italien, parce qu'alors les missionnaires de ces pays, comme aussi ceux de Palestine, d'Egypte et de Constantinople, étaient les Franciscains de Terre-Sainte, français quelques-uns, la plupart italiens. Aujourd'hui, grâce à nos missionnaires français, Lazaristes, Assomptionnistes, Jésuites, Filles de la Charité, Dames de Nazareth, Oblates, etc., la langue du commerce et des relations officielles ou mondaines, la langue comprise de tous et parlée par les étrangers et par les hautes classes indigènes, est le français.

« Les Pères d'Eskir-Chékir, raconte à ce sujet M. Radet dans son livre *En Phrygie* (p. 14), instruisent 80 enfants, dont une trentaine d'internes, de tout culte, de toute nationalité. Il y a des catholiques, des protestants, des Grecs orthodoxes, des Arméniens grégoriens, des musulmans, des israélites. Le groupe européen compte des Français, des Allemands, des Italiens, des Autrichiens, des Monténégrins. Il n'est pas sans importer à notre pays que ces éléments divers reçoivent une empreinte française. »

Une empreinte française, le mot est à retenir, car il traduit bien les services que nous rendent nos missions, en même temps qu'il explique la faveur dont elles jouissent auprès de tous les hommes qui s'occupent de notre expansion au dehors ; auprès de l'Alliance française, qui n'est rien moins que suspecte de cléricalisme, mais qui, aimant la France, subventionne nos écoles d'Orient ; auprès de nos agents consulaires et autres qui tous défendent, protègent, subventionnent ces écoles ; auprès de Gambetta qui, vers 1882 ou 1883, lorsqu'il s'agit de la fondation de l'Université Saint-Joseph de Beyrouth, se mit si nettement en avant.

Et cependant ce n'est pas tout.

Quand ces pays sont en quelque sorte *res nullius,* quand il n'y a pas d'autorité autonome et régulièrement constituée qui puisse garantir leur sûreté et assurer leur développement, quand fatalement et par la suite même d'événements que personne ne peut arrêter, ils doivent tôt ou tard tomber sous la domination d'une puissance européenne, nos missionnaires ne se contentent pas de leur donner une empreinte française, ils y préparent notre établissement définitif.

Mais ici il importe de bien s'entendre et de ne rien exagérer.

Nos missionnaires ne sont pas des agents du gouvernement français. Ils vont en mission pour un but plus général et plus vaste et plus élevé, pour y répandre la lumière et la civilisation, pour relever et instruire ces pauvres peuples, pour en faire des hommes et des chrétiens.

Mais est-ce leur faute si, en faisant cela, et par le fait même qu'ils le font, ils travaillent dans l'intérêt de leur pays ?

N'est-ce pas au contraire leur plus grand bonheur et notre plus grande gloire, si notre cause, de par le monde et par le fait de nos missions, s'identifie et se confond avec la cause de la civilisation et de la vérité ? Ne devons-nous pas nous en réjouir et nous en montrer reconnaissants à qui nous procure une si heureuse bonne fortune ?

Nos missionnaires donc, partout où cela peut se faire, travaillent à l'agrandissement de notre domaine extérieur. Ils le font en se faisant aimer, et, par suite, en nous faisant aimer ; en se faisant apprécier et par suite en nous faisant apprécier ; en habituant les peuples à se tourner vers nous quand ils souffrent et qu'ils sont menacés ou opprimés, à penser à nous comme à des protecteurs et à des libérateurs-nés, à s'habituer à nous et parfois à désirer et à demander notre intervention et notre domination, qu'ils accepteraient avec joie si nous avions le courage de la leur offrir.

Il ne dépendit que de nous, en 1861, de rester en Syrie. Notre autorité y eût été accueillie comme un bienfait, et de là elle se fût répandue tout naturellement, par suite de l'ordre et de la sécurité rétablis et de la prospérité qui s'en fût suivie, vers le nord et vers le sud, vers l'Asie Mineure et la Babylonie, vers la Cœlé-Syrie et le Hauran, vers la Palestine et du côté de l'Egypte. C'eût été là la plus belle de nos colonies. Nos missionnaires et nos missions nous l'avaient préparée, un événement inattendu la mettait à notre disposition ; nous ne sûmes pas la prendre ; mais ce n'est pas une raison de ne point voir le bienfait que nos missionnaires nous eussent rendu, si seulement nous avions su l'accepter.

Et ce bienfait n'est pas le seul.

Partout où nous avons voulu nous établir, nous avons trouvé le terrain défriché et admirablement préparé pour nous recevoir, par exemple au Tonkin, où « missionnaires, écrit ce grand évêque que fut Mgr Puginier, nous travaillons pour Dieu, pour notre patrie et pour le pays que nous évangélisons » ; où les 600.000 chrétiens répandus dans le pays « sont de ce fait, bon gré, mal gré, suivant la parole de M. Aymonnier, directeur de l'Ecole coloniale, considérés par le parti de la résistance comme étant des Français eux-mêmes, ce que, du reste, ils payèrent de leur vie par centaine de mille : « les Français sont chrétiens, disait le mandarin de Chanh-hoa à une de ses victimes, et tu l'es aussi ; tu es donc ami des

Français... » ; où « pendant les guerres qui ont éclaté depuis la conquête et les insurrections, suivant le témoignage du vicomte de Bizemont, les Annamites catholiques n'ont cessé de se montrer nos fidèles alliés » ; où, après la conquête, c'étaient encore les chrétiens qui nous fournissaient pour l'œuvre difficile de la réorganisation nos plus utiles auxiliaires : « Monseigneur, demandait le glorieux vainqueur d'Hanoï à Mgr Puginier, le Tonkin vous est connu mieux qu'à personne, et vous avez l'amour de la France. Voulez-vous m'aider à consolider notre conquête, en désignant des indigènes capables de la gouverner sans moi ? »

Ce qu'ils firent pour le Tonkin, nos missionnaires l'avaient déjà fait pour les autres parties de notre Indo-Chine, le Cambodge, la Cochinchine, l'Annam. Car c'est à eux, à leur patriotique initiative, que nous devons notre premier établissement dans ces contrées, et c'est le vicaire apostolique de Hué, Mgr Sohier, qui, par son autorité et son habileté, put obtenir de l'empereur Tu-Duc le traité de 1874, que plusieurs ambassades successives n'étaient pas arrivées à conclure.

« Les missionnaires ont été nos précurseurs en Indo-Chine, écrit à ce propos M. Paul Bert dans une circulaire officielle, le 30 août 1886, et, dans les périodes de troubles, les premières victimes des mouvements insurrectionnels. Ils nous ont aidés jadis de leurs renseignements et de leurs conseils. Aussi les populations chrétiennes ont été souvent maltraitées, non seulement pour des raisons religieuses, mais comme amies des Français. « Nous ne devons pas oublier nos dettes de reconnaissance... »

C'est, du reste, partout la même chose, et si nous devons aux Pères des Missions Etrangères d'avoir pu nous établir en Indo-Chine, nous devons aux Jésuites de n'avoir pas perdu Madagascar.

Deux fois la France aurait pu, sous l'Empire, s'emparer de l'île de Madagascar : en 1856, alors que le prince Rakoto, avec l'assentiment des Grands et sous l'inspiration de Jean Laborde, faisait offrir le protectorat du royaume à Napoléon III, et cinq ans plus tard, en 1861, lorsque devenu roi, sous le nom de Radama II, il signait la Charte Lambert qui, d'un trait de plume, livrait tout le pays à une compagnie française. Nous ne sûmes pas en profiter.

Et alors notre situation devint si critique que tout parut perdu pour nous à Madagascar. M. Laborde donnait sa démission de consul. L'Angleterre obtenait en 1865 un traité de paix qui lui livrait toute l'influence et nous rendait extrêmement difficile, trois ans plus tard, la conclusion d'un traité semblable. La reine et son premier ministre recevaient le baptême, en 1869, des mains des missionnaires protestants, et leur religion devenait la religion d'état de Madagascar. Les lois étaient refondues par eux, l'instruction donnée par leurs disciples, l'armée réorganisée sous leur contrôle, la politique du palais soumise à leur inspiration, sinon entièrement dirigée par eux.

Une seule force leur résista et sauva là-bas les épaves de notre influence, empêcha notre nom d'être a jamais oublié et continua à faire aimer la France : ce fut la mission catholique.

La France ne songea guère à elle, ne lui prodigua ni ses secours, ni ses encouragements. Si elle inséra une clause en sa faveur dans le traité de 1868, elle n'en surveilla jamais l'observation ; si M. Laborde lui fut toujours généreusement dévoué, sa voix ne trouvait aucun écho aux Tuileries ; si enfin Napoléon III lui accorda sur sa cassette, en faveur de ses écoles, une faible allocation de 20.000 francs, ce secours fut diminué de moitié en 1871, puis totalement supprimé en 1872, en des termes qui ressemblent à une abdication : « Cette subvention était justifiée par l'action prépondérante que le gouvernement avait l'intention d'exercer sur Madagascar. Aujourd'hui *qu'on a complètement renoncé à cette politique*, la subvention n'a plus raison d'être et l'allocation totale disparaîtra en 1872. »

On sait le reste, comment nous fûmes amenés à la guerre de 1883-1885, que termina le traité Miot-Patrimonio, et à la guerre de 1894, qui nous a valu la possession définitive du pays.

Mais est-il exagéré de prétendre que sans nos missionnaires nous aurions perdu Madagascar? Et n'est-il pas glorieux pour eux ce témoignage que leur a rendu devant moi le général Galliéni, que « la pacification, très facile dans les endroits où ont pénétré les missionnaires français, devient très difficile dans les endroits où ils n'ont pu encore s'établir? »

On pourrait poursuivre cette énumération et elle ne serait pas fastidieuse, car chaque nouveau fait nous rappellerait un nouveau bienfait. Qui ne connaît, par exemple, les grands services que nous ont rendus pour la conquête du Dahomey les Pères des Missions africaines de Lyon, et le nom du P. Dorgère n'est pas encore tombé dans l'oubli !

C'est aux Pères du Saint-Esprit que nous devons également de n'avoir pas perdu le Sénégal.

Deux d'entre eux, MM. Bertoux et de Glicourt, se rendant à la Guyane en 1780, firent naufrage, furent pris par les Maures et vendus aux Anglais qui occupaient alors Saint-Louis. Rentrés en France, ils avertirent le ministre de la marine du peu de forces dont disposaient les envahisseurs et ils s'embarquèrent avec M. de Vaudreuil qui, sur leurs indications, reconquit Saint-Louis.

En 1873, notre petit établissement du Gabon devait être cédé à l'Angleterre contre la Gambie anglaise, et déjà l'amiral français avait reçu l'ordre de transporter tout ce qu'il y avait de français dans la petite colonie. La mission refusa de partir. Conséquence, nous avons gardé le Gabon qui est devenu l'immense colonie du Congo.

Ce sont les Pères du Saint-Esprit également qui, les premiers, se sont établis à Dakar, qui en ont découvert l'admirable situation et y ont amené, par leur exemple, notre établissement.

Il y a plus.

Parfois, par leur intervention et leur action personnelle, nos missionnaires nous ont conquis — pacifiquement s'entend, mais réellement — de nouveaux territoires.

Ainsi, il y avait entre la colonie allemande du Cameroun et Libreville, un pays très étendu dans les bassins du Campo, du Benito, du Moussi et de la rivière Monda, revendiqué par l'Espagne et par la France. Par un accord intervenu entre les deux gouvernements, on s'était engagé de part et d'autre à ne plus y envoyer de fonctionnaires. Mais l'Espagne y entretenait un grand nombre de missionnaires à chacun desquels elle donnait un traitement annuel de 4.000 francs, et, par eux, le pavillon espagnol flottait sur la région.

« A mes frais, m'a dit Mgr Le Roy, j'y ai installé des missionnaires ; j'en ai perdu beaucoup ; mais aujourd'hui le drapeau français y a remplacé le drapeau espagnol, et, l'année dernière (1898), j'obtenais de la Propagande que nous seuls eussions dorénavant juridiction sur ce pays qui est désormais, de fait, en attendent qu'il le soit officiellement, un pays français. »

Le même fait s'est reproduit partout, en Océanie comme en Asie et en Afrique.

C'est aux Maristes que nous devons la possession des Wallis, dont le protectorat nous a été offert en 1886 par la reine Amélie. Cette fille accomplie de la Mission, cette chrétienne d'un autre âge dont la vertu et la tenue imposaient à tous la plus vive admiration et à qui les Pères avaient su inspirer un profond amour de la France, avait d'abord refusé, en 1870, toutes les offres des Allemands, et en 1880 celles de sir Arthur Gordon, le gouverneur anglais des Fidji, prêts les uns et les autres à tous les sacrifices pour s'établir dans son île.

C'est aux Maristes que nous devons les îles Foutouna et Alofi qui, en 1881, suppliaient Mgr Lamaze de leur obtenir le protectorat français et l'obtenaient, en effet, en juin 1888.

Ce sont les Maristes encore, les PP. Rougeyron, Montrouzier et Goujon, qui nous ont valu la possession de la Nouvelle-Calédonie, où, grâce à leur concours et à leur influence, l'amiral Febvrier des Pointes put, en 1853, devancer les Anglais venus exprès pour y planter leur drapeau, et en prendre possession avant eux.

Les Pères avaient tout préparé, tout négocié, tout conclu. Le chef de l'île des Pins, en particulier, grâce à la confiance qu'il avait en eux, offrit son royaume et ses sujets à la France en don gratuit, tandis qu'il refusa les riches cadeaux des Anglais.

Et ce n'est pas leur faute si nous ne possédons pas encore Tonga, qu'il ne dépend que de nous de prendre quand nous le voudrons ; si nous ne possédons pas les Samoa que trois puissances rivales viennent de se partager, mais que nous pouvions si facilement prendre en 1870 ; si nous ne possédons pas complètement les Nouvelles-Hébrides, et surtout la Nouvelle-Zélande, cette île fortunée, la plus riche et la meilleure de toutes les terres océaniennes, une colonie de choix comme il en existe très peu sur la terre, car les Maristes nous en avaient préparé la prise de possession lorsque l'officier chargé d'y planter notre drapeau se laissa devancer par les Anglais pour avoir parlé trop tôt.

De même, en un autre continent, les Pères Blancs de Mgr Lavigerie, députés par le roi de l'Ouganda, leur néophyte et leur ami, vinrent offrir comme sur un plat d'or, au gouvernement français, le protectorat de ces hauts plateaux, les seules terres de l'Afrique centrale où l'Européen puisse vivre et travailler, et nous ne sûmes pas étendre la main pour les recevoir.

CONCLUSION

C'est le souvenir de tous ces bienfaits qui jusqu'ici avait valu à nos Missions et à nos Missionnaires d'être soutenus et défendus par des hommes comme les Paul Bert et les Constans en Indo-Chine, — ce n'étaient cependant pas des chrétiens fervents ! — comme les deux Cambon en Algérie et en Tunisie.

Paul Bert en particulier n'hésitait pas, lui qui avait tant contribué à faire exclure les représentants de l'Episcopat français de nos divers conseils de l'Instruction publique, où cependant leur place était marquée, à nommer membres du comité permanent des questions agricoles, commerciales et industrielles du Tonkin, pour lequel ils semblaient bien moins indiqués, le P. Bareille, le P. Bons et Mgr Puginier.

C'est que Paul Bert et Constans et les deux Cambon étaient des hommes intelligents, qui comprenaient l'utilité de nos missions, même dans nos colonies. De plus, c'étaient de vrais Français, et, en cette qualité, s'élevant au-dessus des questions de sectes et de partis, au-dessus même de leurs sentiments personnels, ils les secondaient pour le bien de la colonie dont ils avaient la charge.

Mais voici que tout change. Que nos Missions servent la France, qu'elles soient au dehors son appui et sa gloire, que leur ruine ou leur déclin amène la ruine ou le déclin de notre influence, c'est

peu aux yeux de partisans d'une politique nouvelle :
elles sont françaises et travaillent pour la France,
ce n'est rien, si, par ailleurs, elles sont catholiques
et travaillent pour l'Eglise. Périsse la France coloniale plutôt que le principe premier de la pensée
laïque !

La campagne s'ouvrit à propos de la Chine. Une
revue qui s'intitule modestement *La Revue*, qui se
prétend sérieuse et défend évidemment les intérêts
français, puisqu'elle est dirigée par un juif polonais,
sonna la première charge. En deux articles, un Ho-
mais de Chine — on m'a affirmé que c'était un pharmacien, — voulut rendre les Missionnaires respon-
sables des événements que tout le monde déplorait
et dont les Missions les premières avaient pâti. En
vain, M. Marcel Monnier dans le *Temps*, en vain
M. Pierre Leroy-Beaulieu, dans la *Revue des Deux
Mondes*, — établissaient-ils sur documents certains
l'innocence des Missionnaires. Ils avaient vu, ils
avaient étudié avant d'écrire. Pourtant, leur témoignage ne valut pas, ni celui de M. Delcassé à la tribune de la Chambre, ni celui de M. Pichon, notre
ministre à Pékin, ni celui de M. François, notre consul de Yunnan. Un pharmacien de Canton ou de
Shanghaï avait dit le contraire dans la revue d'un
étranger ; un inconnu reprenait la même thèse· dans
l'*Européen*, organe de quelques internationalistes.
C'était le pharmacien, c'était le juif, c'était l'organe
des conspirateurs qui avait raison.

Et bientôt, dans certains journaux, puis à la
Chambre, on insinua d'abord, on affirma ensuite
qu'il existait un rapport confidentiel du général
Voyron, écrasant pour Mgr Favier et nos Missionnaires de Pékin. Et on laissa filtrer quelques lignes de
ce fameux rapport. On en réclama la publication de

M. Waldeck-Rousseau qui refusa, puis de M. Combes qui résista mollement et se rendit. La lecture en fut donnée devant la commission du budget liée par le serment du secret. Les commissaires, le président du Conseil, le ministre des Affaires étrangères, sont présents. La minorité ne laisse pas que d'avoir quelque crainte ; la majorité triomphe. Quelles révélations vont se faire ?... Il n'y en eut aucune. On entendit seulement le récit très simple de ce que fit le grand évêque pour sauver de la faim ses nombreux néophytes réfugiés avec lui au Peitang. Les membres de la commission se regardèrent, déçus la plupart et très mortifiés de la posture, pour le moins ridicule, où on les avait mis. « Vous n'aviez donc pas lu le rapport ? » demanda M. Combes, qui ne l'avait pas lu lui-même, à M. Delcassé qui ne l'avait pas lu davantage.

Depuis ce jour-là, on ne parla plus des vols et des pillages de Mgr Favier. La calomnie changea de terrain.

Deux fois, M. Dubief, dans un perfide rapport où les insinuations remplacent les faits, où les plus petits incidents sont démesurément grossis, a dressé un long réquisitoire contre nos Missions. Sans doute, on ne l'a guère pris au sérieux. M. Delcassé en a fait justice, et les crédits ordinaires, diminués cependant de 50.000 fr., ont été votés. Mais les accusations demeurent dans un document officiel et dans les discours prononcés au Parlement. Elles ont inspiré le vote de vœux de tendance, et, sans aucun doute, elles seront reprises ; ou plutôt déjà elles l'ont été.

Dernièrement, lorsque passa le projet de loi qui refusait l'autorisation aux associations religieuses d'hommes, M. Pierre Massé, membre bien connu de la majorité, membre encore plus connu des loges, s'éleva contre les Missions. Il apporta même une accusation précise : à Madagascar, les Jésuites auraient enseigné l'anglais de préférence au français : la preuve existait dans les documents officiels. M. Massé se trompe. Je connais Madagascar et ses Missions. J'en ai même écrit l'histoire. M. Massé ne me refusera peut-être pas en la matière une certaine compétence. Eh bien ! Je lui réponds que son accusation est injuste et que les documents officiels dont il parle n'existent pas. Les Jésuites à Madagascar enseignent le malgache, qui est une très belle langue, et le français. Quant à l'anglais, loin de l'enseigner, ils ne le savent même pas. Que M. Massé se renseigne, s'il lui plaît, près de nos consuls et de nos résidents.

Or, il faut tenir tête à cette campagne si bruyamment et si résolument commencée. Il faut *défendre nos missions* et le moyen, nécessaire aussi bien que suffisant, c'est de les *faire connaître*.

Dans ce but a été poursuivie la grande publication : *Les Missions catholiques françaises au XIXe siècle*, qui, grâce à la conscience et à l'autorité de mes collaborateurs, grâce au savoir-faire et au bon vouloir de la maison A. Colin, a pu être menée à bon terme.

Pour la même fin, quelques hommes de bonne volonté entreprirent de faire une place, dans l'Exposition universelle de 1900, à nos Missions catholiques françaises. Le succès, malgré les difficultés, dépassa nos espérances. Sous la présidence du vice-amiral Lafont, un comité se forma ; l'argent nécessaire fut trouvé ; les objets à exposer ne manquèrent pas et, grâce au talent de son architecte, le pavillon des Missions fit bonne figure. Les visiteurs affluèrent par centaines de mille et le jury de la classe 113, classe des procédés de colonisation, lui accorda un grand prix. N'aurait-on pu à ce moment, en la transformant en musée, donner à l'exposition des Missions un caractère permanent ? Il est très regrettable qu'on ne l'ait pas entrepris.

Car un double fait s'impose :

1° Beaucoup de gens ignorent jusqu'à l'existence de nos Missions ;

2° Même parmi ceux qui les connaissent, très peu comprennent leur importance.

Il y a donc urgence :

1° Pour *éveiller l'attention publique*, à créer un *Musée* des Missions ;

2° Pour *informer plus abondamment la curiosité publique*, à organiser une grande *Bibliothèque* centrale de nos Missions.

La difficulté dans la création du musée sera, non pas de trouver les objets, mais de les bien choisir. Il faudrait exclure d'abord tous ceux qui sont insignifiants, ensuite tous ceux qui n'auraient aucun rapport avec l'œuvre de nos Missions, les broderies sans cachet, les ouvrages d'aiguille et les travaux vulgaires, les défroques banales d'indigènes, les assemblages incohérents de sagaies, de lances, de sabres, de peaux de bêtes, etc. La richesse de notre musée n'en serait pas diminuée, bien au contraire ; elle gagnerait beaucoup à être enfermée dans des limites précises.

Mgr Favier avait constitué à Pékin un musée de céramique chinoise apprécié de tous les voyageurs. Les Pères des Missions étrangères de la rue du Bac ont à Saïgon une collection complète de tous les bois du pays. Le P. Delattre avait réuni à Carthage une collection, alors unique, d'antiquités puniques et romaines. Quelle valeur aurait un musée central qui réunirait toutes ces richesses ! Et que de choses

on pourrait y ajouter : les inscriptions découvertes
par les Pères de Picpus, par exemple, dans l'île de
Pâques ; les monuments, habits, armes, ustensiles de
telle ou telle peuplade sauvage disparue ou sur le
point de disparaître ; d'anciens livres, d'anciens ma-
nuscrits, des codex, des inscriptions qui ont parfois
une valeur inestimable ; tout ce qui se rapporte aux
cultes locaux, aux superstitions, aux coutumes ; les
objets fabriqués sous la direction du missionnaire, etc.

Ne semble-t-il pas qu'on pourrait ainsi, avec le
temps, avec la bonne volonté de tous et le concours
de nos diverses Sociétés de missions, obtenir de mer-
veilleux résultats ? La « London Mission Society » a
constitué à Londres un musée remarquable qui fait
autorité. Pourquoi ne réussirions-nous pas aussi bien
et mieux ? Vous connaissez le musée Guimet : il me
semble qu'un musée des Missions, bien dirigé, le dé-
passerait facilement à tous égards.

Le musée attirera les visiteurs et éveillera l'attention ; mais la curiosité piquée voudra des renseignements plus amples et plus précis. Notre bibliothèque
répondrait à ce nouveau besoin : elle constituerait les
archives centrales de nos Missions.

Elle devrait s'étendre, comme le musée, à toutes
les Missions catholiques, françaises et étrangères, à
celles d'autrefois et à celles d'aujourd'hui, fournir à
tous ceux qui voudraient les étudier les renseignements les plus abondants et les plus sûrs, être telle,
en un mot, qu'avant de l'avoir consultée, il ne fût
permis à personne de parler de nos Missions. Elle
devrait donc contenir :

1° Tous les livres écrits ou publiés par les Missionnaires ;

2º Tous les livres traduits ou imprimés ou gravés par eux dans leurs imprimeries ;

3º Tous les livres de classe, d'enseignement, de religion, etc., employés par eux ;

4º Tous les livres écrits sur l'histoire ou la situation présente des Missions, qu'ils soient favorables ou non, français ou étrangers, européens ou barbares ;

5º Toutes les revues publiées par nos Missions, ou parlant d'elles ;

6º Toutes les archives de toutes nos Missions, au moins une copie de ces archives. Les réunir, il est vrai, serait long et coûteux. Mais n'y réussît-on que partiellement et pour les Missions anciennes, ce serait déjà un grand résultat. La simple table des archives de la Société des Missions Etrangères de Paris remplit douze volumes in-folio. Quelle riche collection, si on pouvait avoir un double de ces archives !... Un tel ensemble de pièces n'existe nulle part, est disséminé dans l'univers entier, partagé entre des cinquantaines de sociétés. Celui qui voudrait écrire l'histoire de nos Missions ne saurait vraiment où trouver ces renseignements. Notre bibliothèque les lui fournirait complets, de première main.

On a félicité Léon XIII d'avoir ouvert les archives du Vatican et rendu ainsi moins difficile la tâche d'écrire l'histoire de l'Eglise. Donner la même facilité à l'historien de nos Missions, cette partie vitale de l'Eglise, ne serait-ce pas compléter l'œuvre de Léon XIII !

On trouverait encore dans cette bibliothèque des statistiques, des graphiques, des études originales, une revue d'histoire peut-être, des annales, des annuaires, que sais-je ?

Et si à la tête de cette bibliothèque se trouvait un homme de valeur, un élève distingué de notre école

des Chartes, de notre école de Rome ou de notre
école d'Athènes, qui aurait voyagé et visité nos Missions, qui connaîtrait à fond les richesses dont il aurait la garde, qui à un grand savoir joindrait une bien-
veillance sans borne, qui accueillerait les savants,
hommes d'étude, journalistes, amis ou ennemis, qui
les renseignerait, leur donnerait le livre, le journal, le document désiré, croyez-vous qu'il n'aurait
pas une grande influence sur l'esprit public ?
Croyez-vous que les journaux ne parleraient pas
plus souvent et plus exactement de nos Missions ? que
le public ne les connaîtrait pas mieux ? que, les connaissant mieux, il ne les apprécierait pas davantage
et n'aurait pas plus d'ardeur à les défendre ou à
les aider ?

Quand on songe à tout cela, aucun doute ne peut
rester sur l'incontestable utilité, sur la grandeur, sur
la nécessité d'une telle création.

Mais le moyen de la réaliser ?

Nous ne pouvons compter pour cela ni sur les pouvoirs publics, ni sur aucune municipalité. Il faut
également abandonner l'idée d'un appel au public,
sollicité par trop d'autres besoins urgents pour s'inté-
téresser efficacement à une œuvre comme celle-là,
dont la nécessité n'apparaît pas immédiate et qui a
trop une apparence scientifique.

Il n'y a qu'un espoir, qu'un seul : qu'un ami de
nos Missions, au cœur généreux, aux idées larges et
fécondes, un ami de la France, un ami de la science,
veuille attacher son nom à une grande création et
nous assurer les deux millions nécessaires pour la
réaliser. Ou bien encore qu'un groupe d'hommes intelligents en prennent l'initiative, qu'un grand et
puissant journal en fasse son affaire.

Que l'on constitue ensuite un Comité où l'Académie, la diplomatie, le monde colonial envoient leurs membres les plus distingués. Que l'on choisisse un directeur pour le musée, un bibliothécaire et un archiviste pour la bibliothèque, éminents tous les trois. Et cette institution dépassera en importance les musées Guimet, Dutuit et autres semblables.

TABLE DES MATIÈRES